ДЕТСКАЯ ЭНЦИКЛОПЕДИЯ

Аванта

Created and produced by McRae Books

Publishers: Anne McRae and Marco Nardi
Text: Loredana Agosta, Anne McRae
Main Illustrations: Lorenzo Cecchi, Matteo Chesi, Ferruccio Cucchiarini, Inklink, MM comunicazione (Manuela Cappon, Monica Favilli), Francesca D'Ottavi, Paola Ravaglia
Illustra-ions: Studio Stalio (Alessandro Cantucci, Fabiano Fabbrucci, Margherita Salvadori)
Design: Marco Nardi
Color separations: Fotolito Toscana, Firenze

ДЕТСКАЯ ЭНЦИКЛОПЕДИЯ

Лоредана Агоста
Энн МакРей

Древний Египет

Аванта

Первые династии
(см. стр. 8–9)

Река Нил
(см. стр. 10–11)

Украшения
(см. стр. 28)

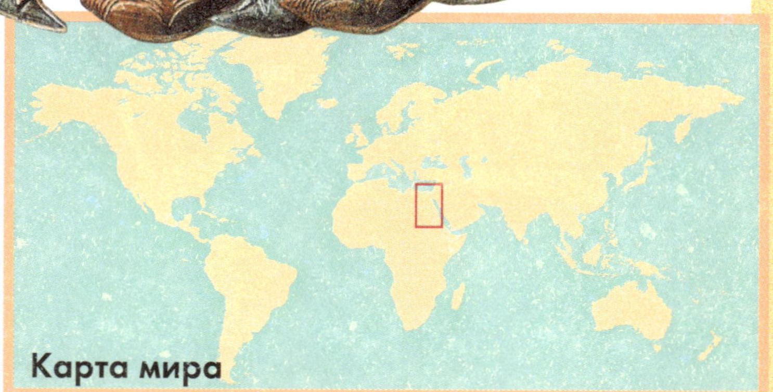

Празднества
(см. стр. 22–23)

Скульпторы
(см. стр. 18–19)

Содержание

Обязанности царей
(см. стр. 14–15)

Соседи
(см. стр. 30)

Пирамиды
(см. стр. 12–13)

Эти жрецы совершают жертвоприношение.

КТО ИЗОБРЁЛ ПИСЬМЕННОСТЬ?

Древние египтяне изобрели одну из самых ранних в мире форм письменности. Их система письма, названная иероглифической, использовалась уже более 5000 лет назад. Она состоит из сотен знаков: одни обозначают целые слова, тогда как другие — звуки и буквы.

Древнеегипетский иероглиф. Сова обозначает букву «м».

ИЗОБРАЗИТЕЛЬНОЕ ИСКУССТВО

Египтяне создали прекрасные настенные росписи, статуи и другие произведения искусства. Многие из них сохранились до наших дней.

РЕЛИГИЯ

Религия пронизывала каждый аспект жизни в Древнем Египте. Существовало множество богов и богинь, которые «отвечали» буквально за всё, а религиозные ритуалы были частью повседневной жизни.

На этом фрагменте настенной росписи изображены женщины, играющие на различных музыкальных инструментах.

Маска Тутанхамона — пожалуй, самого известного фараона в истории Древнего Египта. Его гробницу открыли в 1922 году.

ФАРАОН БЫЛ БОГОМ?

Древние египтяне верили, что их цари — боги. Они правили всем Египтом, обладая абсолютной властью. В разные периоды истории египетского государства фараоны подчиняли себе также соседние территории.

Кто такие древние египтяне?

Древние египтяне — африканский народ, создавший великую цивилизацию, которая процветала более 3000 лет. Верховная власть в Египте принадлежала могущественным царям (или фараонам). Большинство египтян вели довольно простой образ жизни: занимались земледелием и заботились о своих семьях. Однако некоторые становились жрецами, писцами и государственными сановниками.

Многие драгоценные артефакты, например эта золотая статуя богини, были найдены в гробницах фараонов.

НИЛ

Река Нил, длиной более 6500 километров, берёт начало в Центральной Африке и впадает в Средиземное море. Она служила источником жизненных сил Древнего Египта.

Земледельцы пользовались простыми орудиями, чтобы подготовить поля к посеву после разливов Нила.

На этой росписи мужчины выгружают зерно и торгуют им на рынке.

Эта красная чаша, украшенная белыми нильскими крокодилами, датируется примерно 4000 г. до н. э.

КТО БЫЛ ДО ФАРАОНОВ?

Период, предшествовавший правлению первого фараона, известен как додинастический. Сведения о Египте тех времён, до изобретения письменности, получены исследователями в результате изучения археологических находок.

Первые поселенцы строили дома из кирпичей, сделанных из смеси глинистого ила, соломы и песка.

Эта каменная ваза относится к периоду Раннего царства.

ПЕРВЫЕ ДИНАСТИИ

Раннее царство началось с правления Нармера в 3150 году до н. э. Согласно легенде Верхний и Нижний Египет объединил Менес, став первым царём. Некоторые историки считают, что Нармер связан с этим легендарным правителем или даже что это один и тот же человек.

На этой табличке царь Нармер держит пленника.

СТАРОЕ ЦАРСТВО

Египет богател в течение 500-летнего периода, известного как Старое царство. В это время были возведены почти все пирамиды, в том числе Великая пирамида в Гизе. Но ежегодные низкие разливы Нила вызвали голод. В результате Египет оказался разделён более чем на 140 лет — эти годы называют первым переходным периодом.

Фараон Менкаур между двумя богинями.

Истоки

Долина Нила была заселена на протяжении тысячелетий. Около 8000 лет назад ранние земледельцы основали небольшие поселения вдоль реки. Со временем они превратились в деревни, а в конечном итоге — в два отдельных царства, Верхний и Нижний Египет. Эти царства объединились, когда правитель Верхнего Египта завоевал Нижний и основал столицу в Мемфисе.

ПЕРИОДИЗАЦИЯ

Историю Древнего Египта принято делить на периоды, объединяя династии, или же периоды, в течение которых правили представители одной семьи. Ниже перечислены основные этапы истории Древнего Египта.

Додинастический период ок. 5500–3150 гг. до н.э.
Раннее царство. Первые династии 3150–2686 гг. до н.э.
Старое царство 2686–2181 гг. до н.э.
Первый переходный период 2181–2040 гг. до н.э.
Среднее царство 2040–1782 гг. до н.э.
Второй переходный период 1782–1570 гг. до н.э.
Новое царство 1570–1070 гг. до н.э.
Третий переходный период 1070–664 гг. до н.э.
Поздний период 664–332 гг. до н.э.
Греко-римский период 332 г. до н.э.– 395 г. н.э.

Бог Хор считался защитником царей. Его часто изображали в виде сокола.

ВЕРХНИЙ И НИЖНИЙ ЕГИПЕТ

Территория Нижнего Египта включала в себя низменности дельты Нила, где река разветвлялась на множество рукавов. Верхний Египет представлял собой узкую полосу земли вдоль Нила. Мемфис, первая столица объединённого Египта, располагался на берегу Нила к северу от дельты (лишь немного севернее современного Каира). Он являлся идеальным местом для управления обоими царствами.

Корону фараона венчали гриф и кобра.

Ранние деревянные лодки снабжали одним большим парусом и огромным веслом сзади.

НА КАКИХ ЛОДКАХ ПЛАВАЛИ ЕГИПТЯНЕ?

Первыми древнеегипетскими лодками были простые плоты из тростника, на которых плавали по Нилу. Позже появились более вместительные деревянные лодки. У них уже имелись паруса, которые ловили ветры, дующие против течения. Эти лодки позволяли перевозить тяжёлые грузы, в том числе каменные блоки, использовавшиеся для строительства пирамид.

Гарпуны, сделанные из костей, использовались для ловли рыбы и охоты на гиппопотамов.

РЫБОЛОВСТВО

Нил, где водилось большое количество разнообразной рыбы, обеспечивал людей пищей. Древнеегипетские рыбаки забрасывали сети и ставили ловушки для её добычи. В некоторых частях Египта определённые виды рыб считались священными, поэтому их не ели.

Рыбак вернулся с хорошим уловом; женщины стирают бельё в водах Нила.

Этот синий человек, покрытый «волнами», олицетворяет Нил.

ХОРОШИЕ ГОДЫ И ПЛОХИЕ

Египет зависел от разливов Нила. Однако иногда они оказывались слишком сильными, так что вода разрушала целые деревни, а иногда — слишком слабыми, и богатые сельскохозяйственные угодья превращались в пыль.

Дикие гиппопотамы вредили посевам.

Река жизни

Почти всю территорию Древнего Египта занимали пустынные земли. Но долина Нила славилась богатыми сельскохозяйственными угодьями. Каждое лето река разливалась, затапливая близлежащие поля, в результате чего почва получала из воды питательные вещества. Египтяне называли эти территории «чёрная земля», и они считались одними из самых плодородных в мире. Здесь выращивали множество культур, и это стало основой древнеегипетской цивилизации. Сам Нил, будучи важным источником пищи и воды, служил также местом для купания и стирки одежды и являлся главной торговой и транспортной артерией.

РАЗЛИВЫ НИЛА

Нил разливался каждое лето. Хотя египтяне не знали, почему происходят разливы, они научились предсказывать их. Годовой цикл Нила стал основой для их календаря.

На этом фрагменте росписи изображён телёнок, играющий в зарослях на берегу реки.

РАСТЕНИЯ И ЖИВОТНЫЕ

По берегам Нила росли два важных растения — папирус и лён. Папирус шёл на циновки, корзины и листы для письма. А изо льна изготавливали льняную ткань; почти всю свою одежду египтяне шили из белой льняной ткани. Среди диких животных Нила — свирепые гиппопотамы (сегодня они здесь уже не водятся) и крокодилы, а также лягушки, змеи и комары.

Одной из самых ранних пирамид стала ступенчатая пирамида в Саккаре.

СПЕЦИАЛЬНО ДЛЯ ЦАРЕЙ

Тело мёртвого царя доставляли к пирамиде на лодке. Его превращали в мумию и хоронили в погребальной камере внутри пирамиды. В её окрестностях жило много людей.

Кто построил пирамиды?

Для могущественных фараонов Старого царства строились пирамиды, которые становились их гробницами. Самая большая из них, Великая пирамида в Гизе, является к тому же одним из самых тяжёлых когда-либо возведённых сооружений. По заказу царя Хуфу (Хеопса) для её строительства в Гизу доставили более 2,3 миллиона гигантских каменных блоков. Их тщательно обработали, чтобы они плотно прилегали друг к другу.

ТЕХНИЧЕСКОЕ МАСТЕРСТВО

Древние египтяне были искусными инженерами и превосходными каменщиками. Первых археологов, изучавших пирамиды, поразила точность их расчётов. Для возведения столь значительных и прочных сооружений требовались обширные технические знания и навыки.

БОЛЬШОЙ СФИНКС

Эта огромная каменная статуя сфинкса (существа с человеческой головой и телом льва) — часть комплекса пирамид в Гизе. Считается, что сфинкс олицетворяет собой бога солнца Ра-Харахте, а его лицо имеет сходство с фараоном Хафрой (Хефреном).

Форма пирамид отражает идею вечной жизни.

КОМПЛЕКС ПИРАМИДЫ

Типичный комплекс пирамиды включал главное сооружение, предназначенное для фараона, и несколько гробниц меньшего размера для его цариц. Главную пирамиду окружали стеной, двором, кладовыми и храмами.

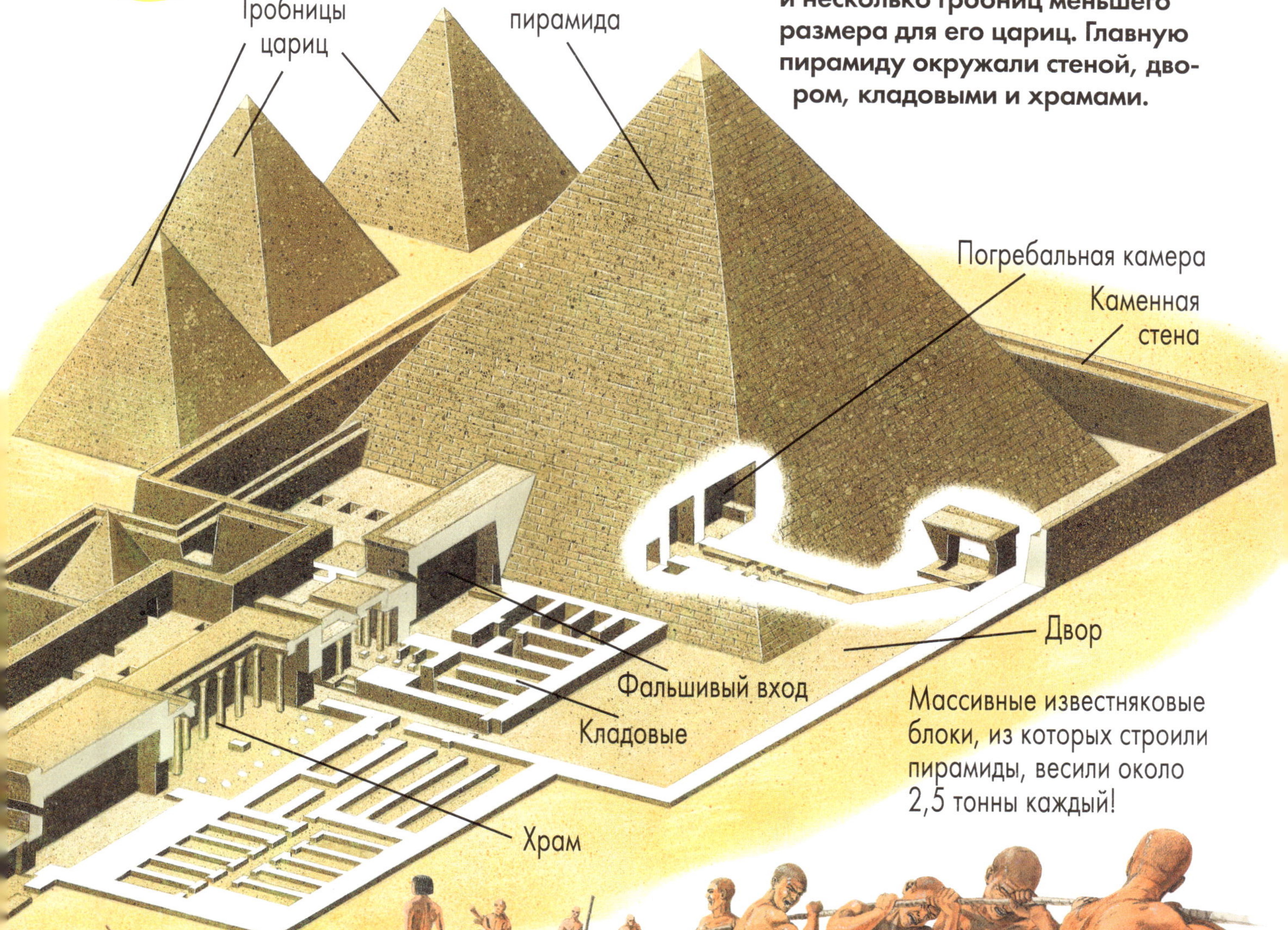

Массивные известняковые блоки, из которых строили пирамиды, весили около 2,5 тонны каждый!

СКОЛЬКО РАБОЧИХ ТРЕБОВАЛОСЬ?

Великую пирамиду в Гизе строили около 30 000 человек в течение 20 лет. Эти люди жили в близлежащих деревнях. Помимо рабочих, в их число входили ремесленники, крестьяне, которые прибывали сюда, когда было мало сельскохозяйственных работ, а также рабы.

Мы знаем о древнеегипетских правителях, поскольку многие оставили «царские списки» с именами предшественников.

ЧЕМ ЗАНИМАЛИСЬ ЦАРИЦЫ?

И мать, и главная жена фараона играли важную роль в различных церемониях и, вероятно, обожествлялись. Формально царские особы женского пола не могли унаследовать трон, даже если отсутствовал наследник-мужчина. Однако нескольким женщинам всё же удалось прийти к власти.

Царица Тия оказывала большое влияние на своего сына Эхнатона, когда тот стал царём.

Цари и царицы

Египетские цари были очень могущественными. В их обязанности входило буквально всё — от управления государственным аппаратом и армией до решения всех религиозных вопросов. Со времён Старого царства и далее к фараонам относились как к богам. У большинства правителей имелась одна главная жена, сын которой обычно становился следующим царём, а также ещё несколько жён. Мать царя тоже считалась царицей.

Фараоны изображались обычно в специальных одеждах или с символами власти.

КТО БЫЛ ВЕРХОВНЫМ ЖРЕЦОМ?

Царь. Как верховный жрец он следил за тем, чтобы богам и богиням поклонялись правильно. А также приказывал строить храмы и совершать жертвоприношения. Кроме того, будучи духовным лидером, фараон выступал гарантом справедливости и порядка.

Статуя фараона Тутмоса IV, совершающего жертвоприношение.

ОБЯЗАННОСТИ ЦАРЕЙ

Ключевой задачей фараона являлось поддержание мира и экономического процветания Египта. Он возглавлял армию и должен был защищать подвластные ему земли от врагов. Также царь отвечал за правильную работу государственного аппарата и взимание налогов.

САНОВНИКИ

Египет делился на сепаты, или номы, которыми управляли номархи. Они представляли фараона и организовывали сбор налогов. Верховный сановник и глава аппарата — чати, или визирь, — подчинялся непосредственно царю.

Эта бронзовая статуэтка изображает визиря в его официальной одежде — длинном фартуке-юбке со специальным ремешком.

Копия настенной росписи, на которой запечатлён царь Рамзес II, сражающийся с хеттами.

СКОЛЬКО БЫЛО БОГОВ И БОГИНЬ?

Очень много! Одни из самых известных — Амон-Ра (создатель Египта), Исида (жена Осириса и мать Хора), Анубис (бог мёртвых и мумификации), Хатхор (богиня неба) и Бастет (богиня-кошка и дочь бога солнца Ра).

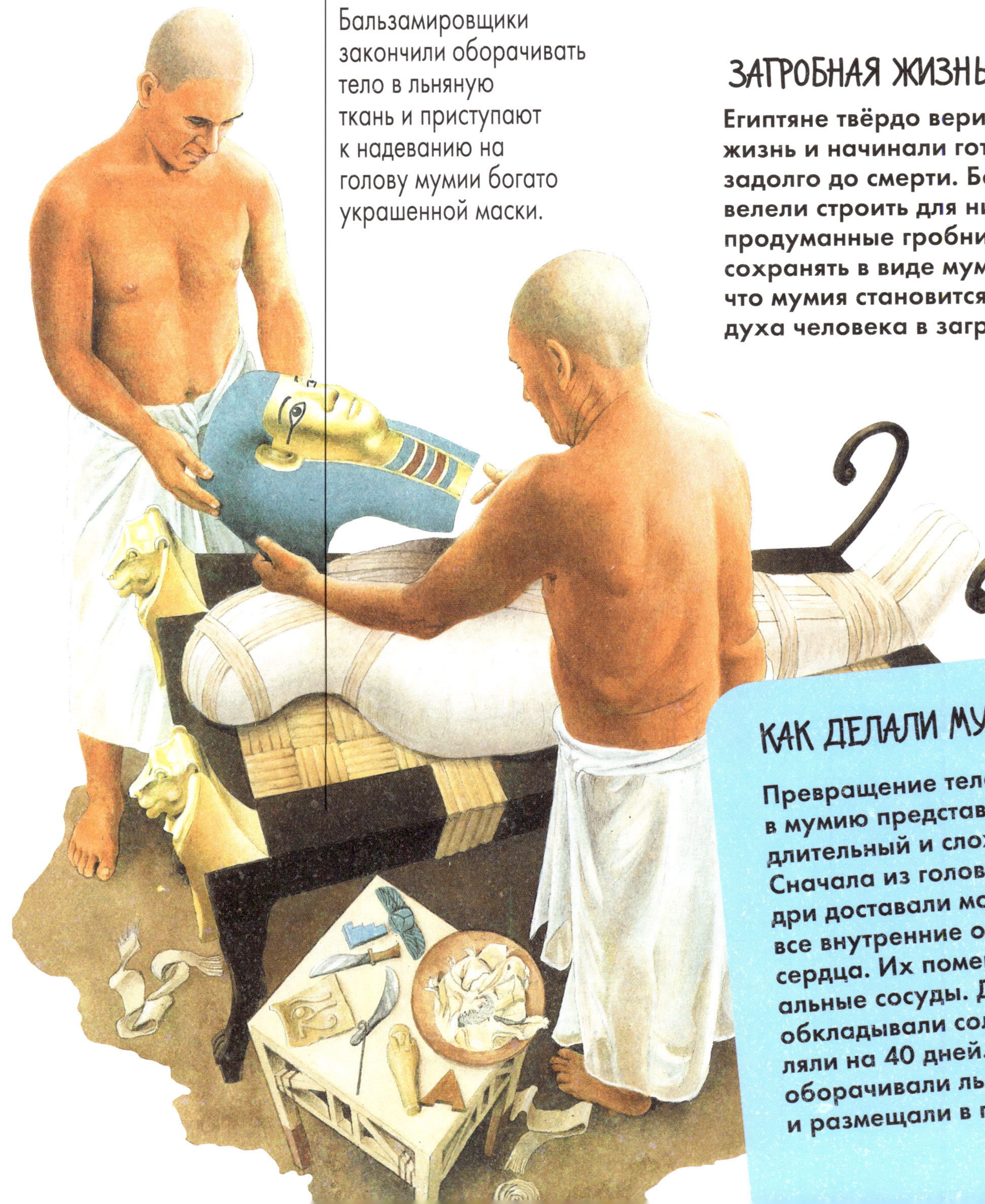

Бальзамировщики закончили оборачивать тело в льняную ткань и приступают к надеванию на голову мумии богато украшенной маски.

ЗАГРОБНАЯ ЖИЗНЬ

Египтяне твёрдо верили в загробную жизнь и начинали готовиться к ней задолго до смерти. Богатые люди велели строить для них тщательно продуманные гробницы, а их тела сохранять в виде мумий. Считалось, что мумия становится домом для духа человека в загробной жизни.

КАК ДЕЛАЛИ МУМИИ?

Превращение тела умершего в мумию представляло собой длительный и сложный процесс. Сначала из головы через ноздри доставали мозг. Затем — все внутренние органы, кроме сердца. Их помещали в специальные сосуды. Далее тело обкладывали солью и оставляли на 40 дней. Наконец, его оборачивали льняной тканью и размещали в гробу.

Маат изображалась в виде женщины с крыльями.

Религия

Религия играла очень важную роль в повседневной жизни древних египтян. Они поклонялись множеству богов и богинь. Каждое божество ассоциировалось с определённым местом, животным, событием или моментом в жизни. Например, Исида, богиня материнства, призывалась во время родов, чтобы защитить мать и дитя. Люди обращались к богам, уединяясь в святилище или у себя дома. В многочисленных храмах служили жрецы. Никому другому в них входить не разрешалось.

ХАОС И ПОРЯДОК

Египтяне были убеждены, что жизнь — это постоянная борьба между хаосом и порядком. Маат, богиня правды и справедливости и сестра фараонов, поддерживала гармонию и равновесие во Вселенной.

СОТВОРЕНИЕ МИРА

Амон-Ра возник из древних вод и создал Шу, бога воздуха, и Тефнут, богиню влаги. Шу и Тефнут породили Геба, бога земли, и Нут, богиню неба. Их детьми стали Осирис, Сет, Исида и Нефтида. Они жили на земле, и у них родилось много других богов.

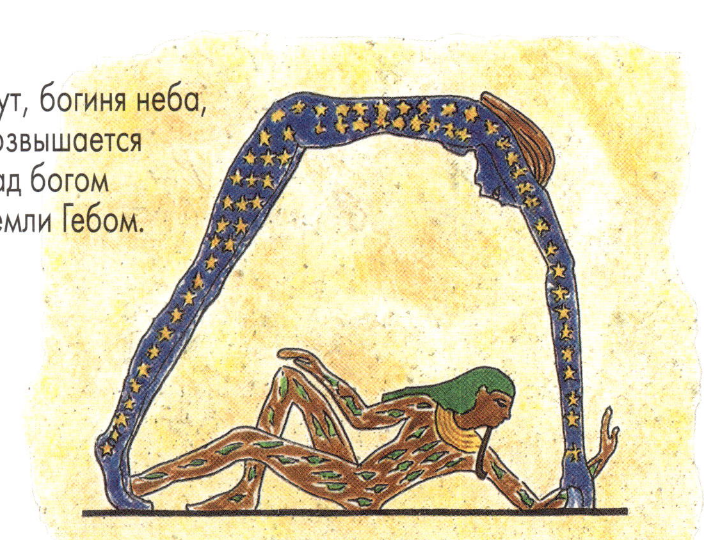
Нут, богиня неба, возвышается над богом земли Гебом.

Большинство храмовых комплексов строились по схожему плану.

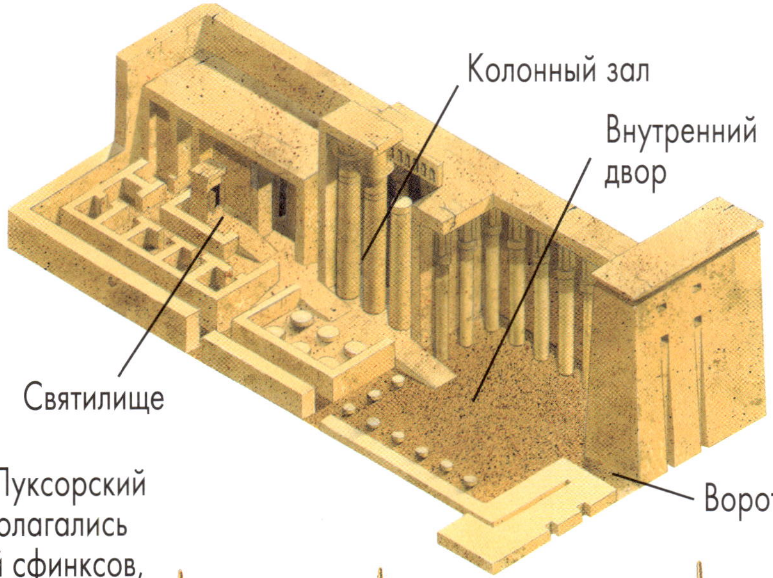

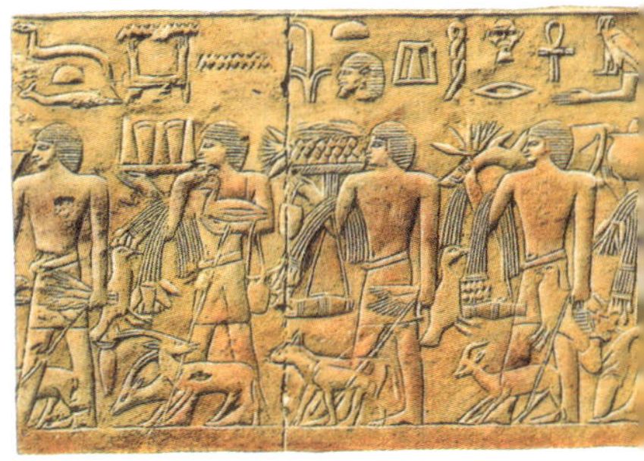

На этом барельефе жрецы несут подношения для умерших.

У входа в Луксорский храм располагались 365 статуй сфинксов, а по обе стороны от него высились два обелиска.

ЧТО ДЕЛАЛИ РЕМЕСЛЕННИКИ?

Плотники и ремесленники использовали дерево и металлы, чтобы изготавливать различные предметы быта. Состоятельные люди могли себе позволить богато украсить их, и многие из этих вещей были найдены в гробницах.

Деревянные сундуки иногда отделывали слоновой костью, серебром и золотом.

ХРАМЫ

Первые храмы представляли собой простые глинобитные сооружения, построенные для размещения святилища бога или богини. Лишь малая часть таких построек дошла до наших дней. Во времена Нового царства египтяне возводили уже гораздо более монументальные храмы — с великолепными воротами, внутренними дворами и колонными залами.

СКУЛЬПТУРА

Египетские мастера ваяли статуи с древнейших времён. Многие из них изображали божеств или фараонов, однако богатые или влиятельные люди тоже порой удостаивались этой чести.

Этот бюст царицы Нефертити сделан из окрашенного известняка.

ЕГИПТЯНЕ ЛЮБИЛИ ЗОЛОТО?

Да, золото было излюбленным металлом древних египтян, и золотых дел мастера ковали или отливали его для создания или отделки статуй, а также мебели, ювелирных изделий и других декоративных предметов.

Эта статуэтка фараона Тутанхамона покрыта листами золота.

Искусство

Египтяне подарили миру прекрасные статуи и росписи, внушительные, роскошно украшенные храмы, пирамиды и усыпальницы. Эти произведения искусства почти всегда создавались в честь бога или богини, а также для прославления фараона и его семьи. Искусные ювелиры и ремесленники изготавливали изысканные украшения и предметы быта из дерева, стекла, керамики и драгоценных камней.

На этой росписи писец, его жена и дочь, а также их кошка.

НАСТЕННЫЕ РОСПИСИ

Египетские художники оставили тысячи впечатляющих цветных настенных росписей. В основном росписи отражают религиозную тематику, другие запечатлели сцены повседневной жизни. Стиль рисования практически не менялся с течением времени.

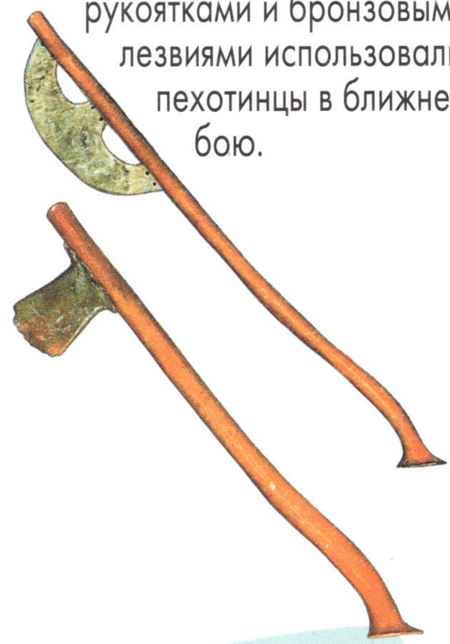

Такие топоры с деревянными рукоятками и бронзовыми лезвиями использовали пехотинцы в ближнем бою.

ОРУЖИЕ

Воины на боевых колесницах и пехотинцы были вооружены деревянными луками и стрелами, топорами и дубинами. Наконечники стрел изготавливали из кремня. Позже, по мере развития уровня металлообработки, кремень заменила бронза.

Этот топор, украшенный золотом и драгоценными камнями, принадлежал фараону Яхмосу I.

Воины и война

От захватчиков Египет оберегали естественные барьеры — пустыня и море, — поэтому в ранние времена его правители содержали довольно небольшую армию. Однако в период Нового царства потребовалась гораздо более многочисленная и профессиональная армия — как для защиты Египта от вторжений, так и для завоевания соседних земель, поскольку властные фараоны пытались расширить границы своего государства.

ПЛЕННИКИ

Как и многие другие народы Древнего мира, египтяне считали, что превосходят всех остальных. Пленников, захваченных в боях, они принуждали к рабскому труду.

Изображения связанных пленников присутствовали во многих храмах.

ВОИНЫ

Армии в основном состояли из наёмников, или бойцов, которым платили за участие в сражениях. Египтяне нанимали воинов из Нубии и Ливии. В более поздние времена в армии могли служить и пленники — так они зарабатывали себе свободу.

На этом фрагменте росписи египтянин сражается с нубийцами.

У ЕГИПТЯН БЫЛА ИМПЕРИЯ?

Фараоны расширили территорию Египта на юг, в Нубию, богатую золотом, и на восток, присоединив часть ближневосточных земель. Наибольших размеров египетское государство достигло в эпоху Нового царства в результате длительных военных кампаний. Но содержание обширной империи обходилось дорого, и вскоре Египет сократился до естественных границ.

В этой сцене бог наблюдает за тем, как фараон поражает врага.

Во времена правления Рамзеса III Египет столкнулся с одной из самых значительных угроз — вторжением «народов моря».

ВЕЛИКИЕ СРАЖЕНИЯ

Битва при Кадеше, 1286 год до н. э., одна из величайших в истории Египта. Рамзес II повёл 20-тысячное войско против хеттского царя Муваталлиса II. Историки расходятся во мнениях относительно исхода битвы, хотя оба правителя утверждали, что победили.

Эти фигурки египетских воинов найдены в одной из гробниц.

КАК ОНИ ПРАЗДНОВАЛИ?

По особым поводам богатые египтяне часто устраивали пышные пиры. Друзей угощали изысканными блюдами из мяса, овощей и фруктов. Слуги подавали еду и напитки, а музыканты развлекали гостей.

Царица Нефертари играет в настольную игру.

РАЗВЛЕЧЕНИЯ

В свободное время большинство мужчин, включая фараонов, предпочитали охотиться и рыбачить. Женщины с удовольствием занимались музыкой и танцами. Дети играли на свежем воздухе в различные игры.

Гости приходили на пиры в своих лучших одеждах. Многие носили парики, увенчанные небольшими сосудами с благовониями, от которых исходил приятный аромат.

Разноцветные шары из глины гремели при подбрасывании.

РЕЛИГИОЗНЫЕ ПРАЗДНИКИ

Религиозные праздники часто отмечались выносом статуи бога или богини из храма и шествием с ней по улицам. Простые люди стекались к месту шествия, чтобы посмотреть на статую, которую в остальное время держали запертой в храме.

На этом фрагменте настенной росписи изображён бог-творец Хнум в церемониальной лодке, которую тянут за собой жрецы.

Развлечения, пиры и празднества

Египетский год делился на три сезона, связанных с годовым циклом Нила. Первый, или *ахет*, был временем половодья; второй, *перет*, — посева и всходов; ну а третий сезон, известный как *шему*, — сбора урожая. В течение года устраивались празднества, посвящённые религиозным событиям, сбору урожая, разливам Нила и другим знаменательным вещам.

МУЗЫКА

Музыка была одним из любимых развлечений, а также распространённым способом сопровождения религиозных церемоний. Египтяне играли на различных инструментах, включая арфу, лиру, лютню, флейту и систр. Музыку ещё не умели записывать, поэтому исполнителям приходилось учить всё наизусть.

Лира пользовалась популярностью у египтян.

На этом календаре с иероглифами отражено разделение года на три сезона.

КАЛЕНДАРЬ

Египетский год состоял из 360 дней. Он делился на 12 месяцев по 3 недели в каждом (в неделе насчитывалось 10 дней). В конце года неизменно добавлялись ещё пять дней.

Учёные смогли прочесть иероглифы, когда был найден камень с одним и тем же текстом, выбитым на трёх разных языках.

ПИСЬМО

Иероглифическое письмо — древнейшее из трёх древнеегипетских форм письменности. К нему обращались, если речь шла об официальных и религиозных текстах. Иератическое письмо отличалось большей простотой и подходило для повседневных нужд. Демотическое письмо, самое простое, появилось позже и использовалось с VII века до н. э.

На обратной стороне этого амулета в форме жука перечислены ключевые события жизни фараона Аменхотепа III.

Знания и образование

В Древнем Египте очень немногие дети ходили в школу, поэтому большинство людей не умели читать и писать. Счетами, юридическими документами и письмами занимались профессиональные писцы. Археологам также удалось обнаружить тексты об архитектуре, торговле, медицине, праве и многом другом. Судя по этим артефактам, наука и магия у древних египтян не разделялись так чётко, как у нас, а тесно переплетались.

Палитра с красками, которыми расписывали папирусы.

Писцы использовали стилусы и кисти из тростника.

ПИСЦЫ

Лишь несколько мальчиков из богатых семей могли себе позволить обучаться писцовому делу. Люди этой профессии занимали высокое положение в обществе и пользовались большим уважением. Наиболее успешные писцы становились учителями при храмах или учёными.

КТО ХОДИЛ В ШКОЛУ?

Читать и писать учились только некоторые мальчики. Их обучение в школе начиналось, когда им исполнялось 5 лет, и длилось обычно 12 лет. Уроки проходили в специальных постройках при храмах или на открытом воздухе.

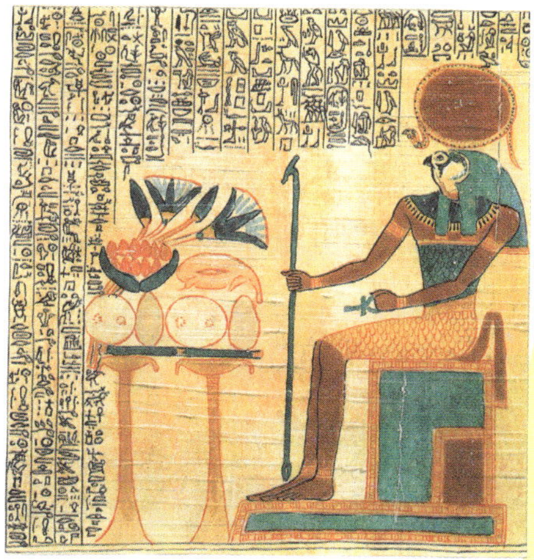

На этом папирусе записано посвящение богу солнца Ра.

КНИГА МЁРТВЫХ

В гробы клали иллюстрированные копии «Книги мёртвых». Считалось, что содержащиеся в ней сведения необходимы для того, чтобы умерший преодолел все испытания подземного мира и обрёл вечную жизнь.

Сначала мальчиков обучали иератическому письму.

Эта миниатюрная копия пирамиды найдена в гробнице писца. Надписи повествуют о ходе солнца.

ОСОБЫЕ НАВЫКИ

В отличие от вавилонян или греков, египтяне не были великими математиками или гениальными учёными. Однако они умели внимательно наблюдать и вести подробные записи. Это позволило им предсказывать ежегодные разливы Нила и придумать свой календарь (он лежит в основе нашего).

Бог-сокол Хор ассоциировался с такими планетами, как Юпитер, Сатурн и Марс.

На этом фрагменте росписи изображён мужчина, поливающий посевы.

ОРОШЕНИЕ ПОЛЕЙ

Для орошения полей древние египтяне использовали «шадуф». Он представлял собой длинный шест, закреплённый на стойке, на одном конце которого висело ведро, а на другом — груз. Ведро наполняли водой, а затем раскачивали, поливая таким образом посевы.

Сборщики пересчитывали скот и определяли норму сбора.

Многие подношения умершим представляли собой пищу.

ЕГИПТЯНЕ ПЛАТИЛИ НАЛОГИ?

С земледельцев и скотоводов, как и почти всех остальных египтян, взимали налоги. Платили их в зерновом эквиваленте. Во время жатвы сборщики налогов посещали каждый район, чтобы установить норму сбора. Она зависела от того, насколько хорошим был урожай.

ЖИВОТНЫЕ ЗЕМЛЕДЕЛЬЦЕВ

Овец и коз разводили ради мяса, а также ради шерсти и шкур. Коров — для получения мяса и молока, а гусей и уток — яиц. Кроме того, с помощью животных выполняли некоторые тяжёлые работы: волы тянули плуги, а ослы переносили различные грузы.

Египтяне вспахивали землю простыми плугами: тяжёлый лемех (заострённая часть плуга) прорезал в почве длинные узкие колеи.

Земледелие и пища

Жизнь земледельца подчинялась годовому циклу Нила. Год начинался с его разливов, благодаря чему почва речных равнин становилась плодородной. В этот период сельскохозяйственные работы практически не велись. Когда вода отступала, земледельцы приступали к посеву. Конец года, на который приходился сезон засухи, был временем сбора урожая.

ЧТО ОНИ ЕЛИ?

Помимо мяса, которым их обеспечивал домашний скот, древние египтяне ели мясо добытых на охоте диких животных, например газелей и зайцев, и выловленную в Ниле рыбу. Фрукты и овощи тоже составляли значительную часть их рациона.

ЗЕРНОВЫЕ КУЛЬТУРЫ

Больше других ценились пшеница и ячмень. Их использовали для выпечки хлеба — основного продукта питания как богатых, так и бедных людей. Ещё одним распространённым продуктом было пиво — любимый напиток древних египтян. Его тоже варили из зерновых.

Деревянная фигурка человека, который варит пиво.

Сборщики отделяли зёрна от оболочек, подбрасывая их в воздух.

Ювелирное изделие из золота, лазурита и бирюзы, найденное в гробнице фараона.

ПРИЧЁСКИ

Детям и молодым людям брили голову, оставляя лишь прядь волос, которая обычно свисала набок. Некоторые мужчины брились наголо, а женщины предпочитали ходить с длинными волосами. Популярны были парики, особенно у женщин.

Люди тщательно ухаживали за своими волосами.

ОНИ НОСИЛИ УКРАШЕНИЯ?

Для состоятельных покупателей древнеегипетские мастера изготавливали изысканные украшения из самых разных материалов, включая драгоценные камни, такие как лазурит, бирюза и аметист. Те, кто не мог себе этого позволить, довольствовались более простыми изделиями.

Одежда и украшения

Древние египтяне много времени посвящали уходу за собой, поддерживая чистоту и опрятность. Они прилагали все усилия, чтобы их одежда из белого льна выглядела идеально. Богатые люди носили украшения и парики, пользовались косметикой и благовониями. Пиры и празднества служили отличным поводом, чтобы принарядиться. Как и в других культурах, красивая одежда и украшения считались прекрасным способом продемонстрировать богатство и статус.

В таких сундуках хранились флаконы и чаши с косметическими средствами.

БЛАГОВОНИЯ И МАКИЯЖ

И женщины, и мужчины наносили макияж и натирались благовониями. Они подводили глаза чёрной или зелёной краской, сделанной из минералов. Губы окрашивали в красный цвет с помощью пасты из ржавого железа. Благовония получали из масел.

Сосуд для благовоний в форме животного.

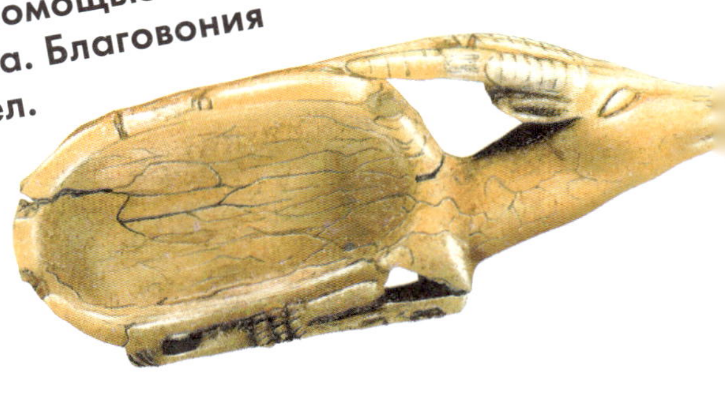

ТКАЧЕСТВО

Бóльшая часть одежды изготавливалась из белой льняной ткани. Стебли льна разбирали на волокна, из которых женщины пряли нити. А затем на примитивных ткацких станках ткали из них большие куски льняной ткани.

Женщины использовали деревянные веретёна для скручивания волокон в нити.

Эти сандалии дают нам представление о том, как выглядела обувь древних египтян.

Высокопоставленный египтянин в шкуре леопарда.

КАКОЙ БЫЛА ИХ ОДЕЖДА?

Предпочтение отдавали, как правило, простым и свободным вещам. Рабочие, проводившие часы под жарким солнцем, надевали лишь набедренные повязки. Дети тоже не особо нуждались в одежде и часто обходились без неё. Состоятельные люди носили длинные одежды из тончайшего льна. В более поздние времена появились окрашенные ткани.

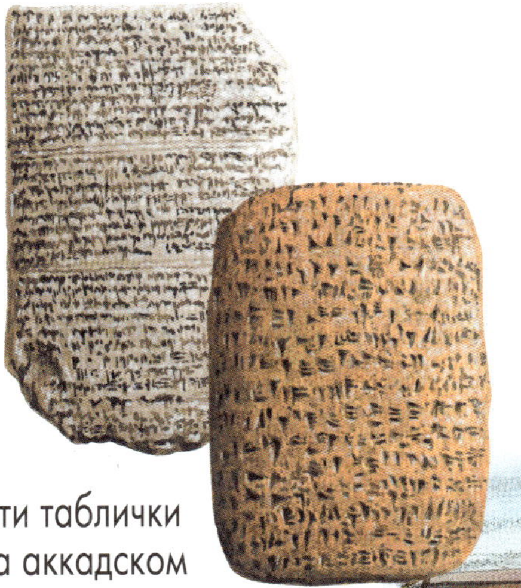

Эти таблички на аккадском языке — письма египетских правителей, в которых они обсуждают торговые и дипломатические миссии.

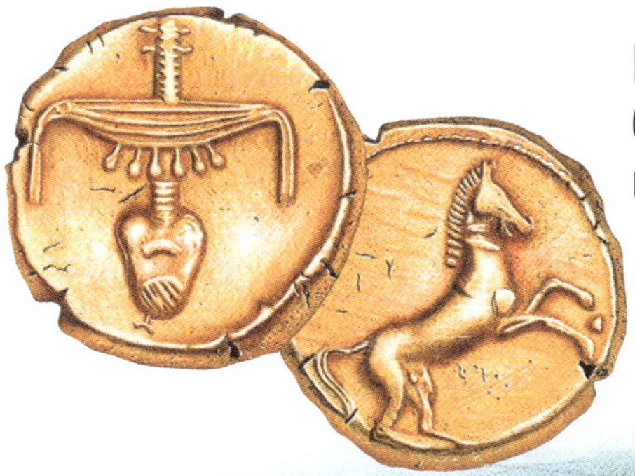

Первые египетские монеты были отчеканены лишь в IV веке до н. э.

СОСЕДИ

В мирное время древние египтяне торговали с африканскими народами, а также народами, населявшими восточное Средиземноморье и берега Красного моря.

Торговцы приносили свои товары на прибрежные рынки. Те торговцы, что изображены здесь, предлагают дичь и вино.

ЧЕМ ОНИ ТОРГОВАЛИ?

Египтяне вели торговлю, обмениваясь товарами равной стоимости. Зерно, папирус и лён составляли основу египетского экспорта. Нубия служила источником золота, скота и рабов.

Большие морские суда, такие как этот торговый корабль, строились для перевозки тяжёлых грузов.

ТОРГОВЫЕ МАРШРУТЫ

Торговали, как правило, передвигаясь по воде, но огромные египетские караваны часто шли также и по пустыне. Чтобы добраться до торговых путей, корабли разбирали на части и перевозили через пустыню.

Скот, мешки с зерном и другие товары загружаются на борт лодки.

Торговля

Древние египтяне перевозили по Нилу зерно, скот и другие товары на прочных лодках. Они также плавали по Средиземному морю и торговали с народами, жившими по его берегам. Ведя активную торговлю во всех доступных направлениях, египтяне могли и приобретать товары, в которых нуждались, и это способствовало процветанию их государства.

Этот стеклянный кубок обнаружили в одном из религиозных сооружений Верхней Нубии.

ПРАВИЛА ЧУЖЕЗЕМЦЕВ

В VI веке до н. э. Египет пал под натиском персов, а в 332 году до н. э. его покорил Александр Македонский. Он основал город Александрию, который стал новой столицей Египта, а также новую династию — Птолемеев, которая правила Египтом в течение 300 лет. Затем его завоевали римляне.

Бюст правителя из династии Птолемеев.

УДК 087.5:94(32)
ББК 63.3(0)31
Д73

Серия «Детская энциклопедия»
Научно-популярное издание
ғылыми-бұқаралықбасла
Для среднего школьного возраста

Печатается с разрешения Nextquisite

Лоредана Агоста, Энн МакРей

ДРЕВНИЙ ЕГИПЕТ

Перевод с английского Александры Докукиной

Text: Loredana Agosta, Anne McRae
Main Illustrations: Lorenzo Cecchi, Matteo Chesi, Ferruccio Cucchiarini,
Inklink, MM comunicazione (Manuela Cappon, Monica Favilli), Francesca D'Ottavi, Paola Ravaglia
Illustrations: Studio Stalio (Alessandro Cantucci, Fabiano Fabbrucci, Margherita Salvadori)
Original Title: Junior Encyclopedia. Ancient Egypt

Дизайн обложки *Н. Ворламовой*
Редактор *И. Усова*. Художественный редактор *Е. Гордеева*
Технический редактор *Е. Кудиярова*. Корректор *Р. Низяева*
Компьютерная вёрстка *Е. Гвоздевой*

Общероссийский классификатор продукции ОК-034-2014 (КПЕС 2008); 58.11.1 — книги, брошюры печатные.
Книжная продукция – ТР ТС 007/2011.
Подписано в печать 13.01.2023. Дата изготовления: март 2023 г.
Произведено в Российской Федерации
Формат 60x84/8. Печать офсетная. Бумага офсетная.
Усл. печ. л. 3,72. Гарнитура FuturaBook. Доп. тираж 3000 экз. Заказ № 7045.

Изготовитель: ООО «Издательство АСТ». 129085, Российская Федерация, г. Москва, Звездный бульвар,д. 21, стр. 1, комн. 705, пом. I, 7 этаж
Адрес места осуществления деятельности по изготовлению продукции: Российская Федерация, 123112, Москва, Пресненская набережная, д.6, стр.2,
Деловой комплекс «Империя», 14, 15 этаж
Наш электронный адрес: ask@ast.ru. Сайт: www.ast.ru

Мы в социальных сетях. Присоединяйтесь!
https://vk.com/ast.deti, https://t.me/astdeti,
https://vk.com/avantabooks, https://zen.yandex.ru/astdeti

«АСТ баспасы» ЖШҚ. 129085, Мәскеу қ., Звёздный бульвары, 21-үй, 1-құрылыс, 705-бөлме, I жай, 7-қабат
Біздіңэлектрондықмекенжаймыз : www.ast.ru. E-mail: ask@ast.ru
Интернет-магазин: www.book24.kz. Интернет-дүкен: www.book24.kz
Импортер в Республику Казахстан и Представитель по приему претензий в Республике Казахстан —
ТОО РДЦ Алматы, г. Алматы. ҚазақстанРеспубликасынаимпорттаушыжәнеҚазақстанРеспубликасынданаразылықтарды
қабылдаубойыншаөкіл — «РДЦ-Алматы» ЖШС, Алматы қ.,Домбровскийкөш., 3«а», Б литері, офис 1.
Тел.: 8(727) 251-59-90,91 ,факс: 8 (727) 251-59-92 ішкі 107;
E-mail: RDC-Almaty@eksmo.kz , www.book24.kz. Тауарбелгісі: «АСТ». Өндірілгенжылы: 2023

Өнімніңжарамдылықмерзімішектелмеген. Сертификаттау – қарастырылған

Отпечатано с электронных носителей издательства.
ООО"Тверской полиграфический комбинат." 170024, Россия, г. Тверь, пр-т Ленина, 5.
Телефон: (4822) 44-52-03, 44-50-34, Телефон/факс: (4822)44-42-15
Home page - www.tverpk.ru Электронная почта (E-mail) - sales@tverpk.ru

Д73 Древний Египет / Л. Агоста, Э. МакРей; пер. с англ. Докукиной А.А. — Москва: Издательство АСТ, 2023. — 31, [1] с.: ил. — (Детская энциклопедия).

ISBN 978-5-17-146625-1.

Книга «Древний Египет» из серии «Детская энциклопедия» прекрасно подойдёт для первого знакомства с этим древним и удивительным миром. История Древнего Египта предстаёт перед читателями в мельчайших деталях: как одевались древние египтяне, каким божествам поклонялись, с кем вели торговлю, как строили пирамиды и корабли и какие праздники отмечали.

Лоредана Агоста и Энн МакРей, авторы этой книги, в увлекательной форме рассказывают о сложном и простом, делятся наиболее интересными фактами и не дают читателю заскучать. А красочные иллюстрации делают каждую страницу ещё более занимательной.

Для среднего школьного возраста.

УДК 087.5:94(32)
ББК 63.3(0)31

0+ 6-